AF222196

Impressum
Verlag: BABADADA GmbH, Nedderfeld 112 , 22529 Hamburg
Geschäftsführer / Verlagsleitung: Harald Hof
Druck: Books on Demand GmbH, In de Tarpen 42, 22848 Norderstedt

Imprint
Publisher: BABADADA GmbH, Nedderfeld 112 , 22529 Hamburg, Germany
Managing Director / Publishing direction: Harald Hof
Print: Books on Demand GmbH, In de Tarpen 42, 22848 Norderstedt

das Klassenzimmer
el aula

dividieren
dividir

186/2

der Schulhof
el patio de la escuela

die Tafel
el pizarrón

der Lehrer
el maestro

das Papier
el papel

schreiben
escribir

der Stift
la birome

der Schreibtisch
el escritorio

das Lineal
la regla

das Buch
el libro

die Schüler
el alumno

die Schultasche

la mochila

die Federmappe

la caja de lápices

der Bleistift

el lápiz

der Bleistiftspitzer

el sacapuntas

der Radierer

la goma (de borrar)

der Zeichenblock

el bloc de dibujo

die Zeichnung
el dibujo

der Pinsel
el pincel

der Malkasten
la caja de pinturas

die Schere
la tijera

der Klebstoff
el pegamento

das Übungsheft
el cuaderno de ejercicios

die Hausübung
la tarea

die Zahl
el número

addieren
sumar

subtrahieren
restar

multiplizieren
multiplicar

rechnen
calcular

der Buchstabe
la letra

das Alphabet
el abecedario

das Wort
la palabra

der Text

el texto

lesen

leer

die Kreide

la tiza

die Unterrichtsstunde

la lección

das Klassenbuch

el cuaderno de clase

die Prüfung

el examen

das Zeugnis

el certificado

die Schuluniform

el uniforme escolar

die Ausbildung

la educación

das Lexikon

la enciclopedia

die Universität

la universidad

das Mikroskop

el microscopio

die Karte

el mapa

der Papierkorb

el tacho (de basura)

das Hotel
el hotel

die Jugendherberge
el hostel

die Wechselstube
la casa de cambio

der Koffer
la valija

das Auto
el auto

die Sprache

el idioma

ja / nein

sí / no

Okay

Está bien

Hallo

hola

die Dolmetscherin

el traductor

Danke

Gracias

Wie viel kostet …?

¿cuánto cuesta…?

Ich verstehe nicht.

No entiendo

das Problem

el problema

Guten Abend!

¡Buenas tardes!

Guten Morgen!

¡Buenos días!

Gute Nacht!

¡Buenas noches!

Auf Wiederschaun!

el adiós

die Richtung

la dirección

das Gepäck

el equipaje

die Tasche

el bolso

der Rucksack

la mochila

der Gast

el invitado

das Zimmer

la habitación

der Schlafsack

la bolsa de dormir

das Zelt

la carpa

die Touristeninformation

la información turística

der Strand

la playa

die Kreditkarte

la tarjeta de crédito

das Frühstück

el desayuno

das Mittagessen

el almuerzo

das Abendessen

la cena

die Fahrkarte

el pasaje

der Lift

el ascensor

die Briefmarke

el sello

die Grenze

la frontera

der Zoll

la aduana

die Botschaft

la embajada

das Visum

la visa

der Pass

el pasaporte

der Transport
el transporte

das Flugzeug
el avión

das Schiff
el barco

das Feuerwehrauto
la autobomba

der Bus
el colectivo

der Lastwagen
el camión

das Motorboot
la lancha a motor

das Fahrrad
la bicicleta

das Auto
el auto

die Fähre

el ferry

das Boot

el bote

das Motorrad

la moto

das Polizeiauto

el patrullero

das Rennauto

el auto de carreras

der Mietwagen

el auto de alquiler

das Carsharing

el alquiler de autos

der Abschleppwagen

la grúa

der Müllwagen

el camión de la basura

der Motor

el motor

der Kraftstoff

la nafta

die Tankstelle

la estación de servicio

das Verkehrsschild

la señal de tránsito

der Verkehr

el tránsito

der Stau

el embotellamiento

der Parkplatz

el estacionamiento

der Bahnhof

la estación de tren

die Schienen

las vías

der Zug

el tren

die Straßenbahn

el tranvía

der Wagon

el vagón

der Hubschrauber

el helicóptero

der Flughafen

el aeropuerto

der Tower

la torre

der Passagier

el pasajero

der Container

el contenedor

der Karton

la caja de cartón

der Rollwagen

la carretilla

der Korb

la canasta

starten / landen

despegar / aterrizar

die Stadt

la ciudad

das Dorf

el pueblo

das Stadtzentrum

el centro de la ciudad

das Haus

la casa

die Kino
el cine

die Werbung
la publicidad

die Straßenlaterne
el farol

die Straße
la calle

das Taxi
el taxi

der Kiosk
el kiosco

der Fußgänger
el peatón

der Gehsteig
la vereda

der Zebrastreifen
el paso peatonal

die Mülltonne
el contenedor de basura

die Kreuzung
el cruce

die Ampel
el semáforo

die Hütte
la cabaña

die Wohnung
el departamento

der Bahnhof
la estación de tren

das Rathaus
la municipalidad

das Museum
el museo

die Schule
el colegio

die Stadt - la ciudad

11

die Universität

la universidad

die Bank

el banco

das Spital

el hospital

das Hotel

el hotel

die Apotheke

la farmacia

das Büro

la oficina

die Buchhandlung

la librería

das Geschäft

el negocio

der Blumenladen

la florería

der Supermarkt

el supermercado

der Markt

el mercado

das Kaufhaus

las grandes tiendas

der Fischhändler

la pescadería

das Einkaufszentrum

el centro comercial

der Hafen

el puerto

der Park
el parque

die Bank
el banco

die Brücke
el puente

die Stiege
las escaleras

die U-Bahn
el subte

der Tunnel
el túnel

die Bushaltestelle
la parada del colectivo

die Bar
el bar

das Restaurant
el restaurante

der Briefkasten
el buzón

das Straßenschild
el letrero

die Parkuhr
el parquímetro

der Zoo
el zoológico

die Badeanstalt
la pileta

die Moschee
la mezquita

der Bauernhof

la granja

die Umweltverschmutzung

la contaminación

der Friedhof

el cementerio

die Kirche

la iglesia

der Spielplatz

los juegos infantiles

der Tempel

el templo

die Landschaft

el paisaje

das Blatt
la hoja

der Wegweiser
el poste indicador

der Weg
el camino

die Wiese
la pradera

der Stein
la piedra

der Baum
el árbol

der Wanderer
el excursionista

der Fluss
el río

das Gras
la hierba

die Blume
la flor

das Tal
el valle

der Hügel
la montaña

der See
el lago

der Wald
el bosque

die Wüste
el desierto

der Vulkan
el volcán

das Schloss
el castillo

der Regenbogen
el arco iris

der Pilz
el champiñón

die Palme
la palmera

der Moskito
el mosquito

die Fliege
la mosca

die Ameise
la hormiga

die Biene
la abeja

die Spinne
la araña

der Käfer

el escarabajo

der Frosch

la rana

das Eichhörnchen

la ardilla

der Igel

el erizo

der Hase

la liebre

die Eule

la lechuza

die Vogel

el pájaro

der Schwan

el cisne

das Wildschwein

el jabalí

der Hirsch

el ciervo

der Elch

el alce

der Staudamm

la presa

das Windrad

el aerogenerador

das Solarmodul

el panel solar

das Klima

el clima

der Kellner
el mozo

die Speisekarte
el menú

der Sessel
la silla

die Suppe
la sopa

die Pizza
la pizza

das Besteck
los cubiertos

die Tischdecke
el mantel

die Vorspeise

la entrada

das Hauptgericht

el plato principal

die Nachspeise

el postre

die Getränke

las bebidas

das Essen

la comida

die Flasche

la botella

das Fastfood
la comida rápida

das Streetfood
la comida callejera

die Teekanne
la tetera

die Zuckerdose
la azucarera

die Portion
la porción

die Espressomaschine
la cafetera expreso

der Kinderstuhl
la sillita alta

die Rechnung
la cuenta

das Tablett
la bandeja

das Messer
el cuchillo

die Gabel
el tenedor

der Löffel
la cuchara

der Teelöffel
la cucharita

die Serviette
la servilleta

das Glas
el vaso

der Teller
el plato

der Suppenteller
el plato hondo

die Untertasse
el plato

die Sauce
la salsa

der Salzstreuer
el salero

die Pfeffermühle
el molinillo de pimienta

der Essig
el vinagre

das Öl
el aceite

die Gewürze
las especias

das Ketchup
el kétchup

der Senf
la mostaza

die Mayonnaise
la mayonesa

das Angebot
la oferta especial

der Kunde
el cliente

die Milchprodukte
los lácteos

das Obst
la fruta

der Einkaufswagen
el changuito

die Schlachterei

la carnicería

die Bäckerei

la panadería

wiegen

pesar

das Gemüse

las verduras

das Fleisch

la carne

die Tiefkühlkost

los alimentos congelados

der Aufschnitt

los fiambres

die Konserven

los alimentos enlatados

das Waschmittel

el detergente en polvo

die Süßigkeiten

las golosinas

die Haushaltsartikel

los electrodomésticos

das Reinigungsmittel

los productos de limpieza

die Verkäuferin

la vendedora

die Kassa

la caja

die Kassiererin

el cajero

die Einkaufsliste

la lista de compras

die Öffnungszeiten

el horario de atención

die Brieftasche

la billetera

die Kreditkarte

la tarjeta de crédito

die Tasche

la cartera

die Plastiktüte

la bolsa de plástico

das Wasser

el agua

der Saft

el jugo

die Milch

la leche

die Cola

la bebida cola

der Wein

el vino

das Bier

la cerveza

der Alkohol

el alcohol

der Kakao

el cacao

der Tee

el té

der Kaffee

el café

der Espresso

el café expreso

der Cappuccino

el cappuccino

die Banane

la banana

der Apfel

la manzana

die Orange

la naranja

die Melone

el melón

die Zitrone

el limón

die Karotte

la zanahoria

der Knoblauch

el ajo

der Bambus

el bambú

die Zwiebel

la cebolla

der Pilz

el champiñón

die Nüsse

las nueces

die Nudeln

los fideos

die Spaghetti

los tallarines

der Reis

el arroz

der Salat

la ensalada

die Pommes frites

las papas fritas

die Bratkartoffeln

las papas fritas

die Pizza

la pizza

der Hamburger

la hamburguesa

das Sandwich

el sándwich

das Schnitzel

el churrasco

der Schinken

el jamón

die Salami

el salame

die Wurst

la salchicha

das Huhn

el pollo

der Braten

el asado

der Fisch

el pescado

die Haferflocken

los copos de avena

das Müsli

el muesli

die Cornflakes

los copos de maíz

das Mehl

la harina

das Croissant

la medialuna

die Semmel

el pancito

das Brot

el pan

der Toast

la tostada

die Kekse

las galletitas

die Butter

la manteca

der Topfen

la cuajada

der Kuchen

la torta

das Ei

el huevo

das Spiegelei

el huevo frito

der Käse

el queso

die Eiscreme
el helado

der Zucker
el azúcar

der Honig
la miel

die Marmelade
la mermelada

der Schokoladenaufstrich
la pasta de chocolate

das Curry
el curry

das Bauernhaus
la granja

der Strohballen
el fardo de paja

die Scheune
el granero

das Feld
el campo

das Pferd
el caballo

der Anhänger
el remolque

das Fohlen
el potrillo

der Traktor
el tractor

der Esel
el burro

das Schaf
la oveja

das Lamm
el cordero

die Ziege

la cabra

die Kuh

la vaca

das Kalb

el ternero

das Schwein

el cerdo

das Ferkel

el lechón

der Stier

el toro

die Gans

el ganso

die Ente

el pato

das Küken

el pollo

das Huhn

la gallina

der Hahn

el gallo

die Ratte

la rata

die Katze

el gato

die Maus

el ratón

der Ochse

el buey

der Hund

el perro

die Hundehütte

la cucha

der Gartenschlauch

la manguera

die Gießkanne

la regadera

die Sense

la guadaña

der Pflug

el arado

die Sichel

la hoz

die Hacke

la azada

die Mistgabel

la horquilla

die Axt

el hacha

die Schubkarre

la carretilla

der Trog

el abrevadero

die Milchkanne

la lechera

der Sack

la bolsa

der Zaun

la reja

der Stall

el establo

das Treibhaus

el invernadero

der Boden

el suelo

die Saat

la semilla

der Dünger

el fertilizador

der Mähdrescher

la cosechadora

ernten
cosechar

die Ernte
la cosecha

die Yamswurzel
las batatas

der Weizen
el trigo

das Soja
la soja

der Erdapfel
la papa

der Mais
el maíz

der Raps
la semilla de colza

der Obstbaum
el árbol frutal

der Maniok
la mandioca

das Getreide
los cereales

der Schornstein
la chimenea

das Dach
el techo

die Regenrinne
el caño de desagüe

das Fenster
la ventana

die Garage
el garaje

die Klingel
el timbre

die Tür
la puerta

der Abfallkübel
el tacho de basura

der Briefkasten
el buzón

der Garten
el jardín

das Wohnzimmer

el living

das Badezimmer

el baño

die Küche

la cocina

das Schlafzimmer

el dormitorio

das Kinderzimmer

el cuarto de los chicos

das Esszimmer

el comedor

der Boden

el piso

die Wand

la pared

die Decke

el cielorraso

der Keller

el sótano

die Sauna

el sauna

der Balkon

el balcón

die Terrasse

la terraza

das Schwimmbad

la pileta

der Rasenmäher

la cortadora de pasto

der Bettbezug

la sábana

die Bettdecke

el acolchado

das Bett

la cama

der Besen

la escoba

der Kübel

el balde

der Schalter

el interruptor

die Tapete
el empapelado

das Bild
la imagen

die Lampe
la lámpara

das Regal
el estante

der Schrank
el armario

der Fernseher
la televisión

der Kamin
la chimenea

die Blume
la flor

der Polster
el almohadón

das Sofa
el sofá

die Vase
el florero

die Fernbedienung
el control remoto

der Teppich

la alfombra

der Vorhang

la cortina

der Tisch

la mesa

der Sessel

la silla

der Schaukelstuhl

la mecedora

der Sessel

el sillón

das Buch
el libro

die Decke
la frazada

die Dekoration
la decoración

das Feuerholz
la leña

der Film
la película

die Stereoanlage
el equipo de música

der Schlüssel
la llave

die Zeitung
el diario

das Gemälde
la pintura

das Poster
el póster

das Radio
la radio

der Notizblock
el cuaderno

der Staubsauger
la aspiradora

der Kaktus
el cactus

die Kerze
la vela

der Kühlschrank
la heladera

die Mikrowelle
el microondas

die Küchenwaage
la balanza de cocina

der Toaster
la tostadora

das Reinigungsmittel
el detergente

der Backofen
el horno

das Gefrierfach
el freezer

der Abfallkübel
el tacho de basura

der Geschirrspüler
el lavaplatos

der Herd

la cocina

der Topf

la olla

der Eisentopf

la olla de hierro fundido

der Wok / Kadai

el wok

die Pfanne

la sartén

der Wasserkocher

la pava

der Dampfgarer

la vaporera

das Backblech

la bandeja de horno

das Geschirr

la vajilla

der Becher

la taza

die Schale

el bol

die Essstäbchen

los palitos

der Schöpflöffel

el cucharón

der Pfannenwender

la espátula

der Schneebesen

la batidora

das Kochsieb

el colador

das Sieb

el colador

die Reibe

el rallador

der Mörser

el mortero

der Grill

la parrilla

das Kaminfeuer

la fogata

das Schneidebrett

la tabla de picar

das Nudelholz

el palo de amasar

der Korkenzieher

el sacacorchos

die Dose

la lata

der Dosenöffner

el abrelatas

der Topflappen

la manopla

das Waschbecken

la pileta

die Bürste

el cepillo

der Schwamm

la esponja

der Mixer

la batidora

die Gefriertruhe

el congelador

die Babyflasche

la mamadera

der Wasserhahn

la canilla

das Badezimmer
el baño

die Dusche
la ducha

die Heizung
la calefacción

das Handtuch
la toalla

der Duschvorhang
la cortina de la ducha

das Schaumbad
el baño de espuma

die Badewanne
la bañadera

das Glas
el vaso

die Waschmaschine
el lavarropas

die Fliesen
las baldosas

der Wasserhahn
la canilla

der Nachttopf
la pelela

das Waschbecken
la pileta

das Klo

el inodoro

die Hocktoilette

la letrina

das Bidet

el bidé

das Pissoir

el mingitorio

das Klopapier

el papel higiénico

die Klobürste

el cepillo para el inodoro

die Zahnbürste

el cepillo de dientes

die Zahnpasta

el dentífrico

die Zahnseide

el hilo dental

waschen

lavar

die Handbrause

la ducha de mano

die Intimdusche

la ducha higiénica

die Waschschüssel

la palangana

die Rückenbürste

el cepillo para la espalda

die Seife

el jabón

das Duschgel

el gel de ducha

das Shampoo

el shampoo

der Waschlappen

la toallita

der Abfluss

el desagüe

die Creme

la crema

das Deodorant

el desodorante

der Spiegel

el espejo

der Kosmetikspiegel

el espejito

der Rasierer

la maquinita de afeitar

der Rasierschaum

la espuma de afeitar

das Rasierwasser

el aftershave

der Kamm

el peine

die Bürste

el cepillo

der Föhn

el secador de pelo

das Haarspray

el spray

das Makeup

el maquillaje

der Lippenstift

el lápiz de labios

der Nagellack

el esmalte para uñas

die Watte

el algodón

die Nagelschere

la tijera para uñas

das Parfum

el perfume

der Kulturbeutel

el portacosméticos

der Hocker

la banqueta

die Waage

la balanza

der Bademantel

la bata

die Gummihandschuhe

los guantes de goma

das Tampon

el tampón

die Damenbinde

la toallita femenina

die Chemietoilette

el baño químico

der Wecker
el despertador

das Kuscheltier
el peluche

das Spielzeugauto
el coche de juguete

die Rassel
el sonajero

das Puppenhaus
la casa de muñecas

das Geschenk
el regalo

der Ballon

el globo

das Bett

la cama

der Kinderwagen

el cochecito

das Kartenspiel

las cartas

das Puzzle

el rompecabezas

der Comic

la historieta

die Legosteine
las piezas de lego

die Bausteine
los ladrillos de juguete

die Actionfigur
la figura de acción

der Strampelanzug
el enterito (de bebé)

das Frisbee
el frisbee

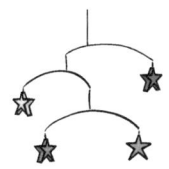

das Mobile
el móvil para bebés

das Brettspiel
el juego de mesa

der Würfel
los dados

die Modelleisenbahn
el tren eléctrico

der Schnuller
el chupete

die Party
la fiesta

das Bilderbuch
el libro de cuentos ilustrado

der Ball
la pelota

die Puppe
la muñeca

spielen
jugar

der Sandkasten

el arenero

die Schaukel

la hamaca

das Spielzeug

los juguetes

die Spielkonsole

la consola de videojuegos

das Dreirad

el triciclo

der Teddy

el osito de peluche

der Kleiderschrank

el armario

die Kleidung

la ropa

die Socken

las medias

die Strümpfe

las medias panty

die Strumpfhose

las calzas

der Schal
la bufanda

der Regenschirm
el paraguas

das T-Shirt
la remera

der Gürtel
el cinturón

die Stiefel
las botas

die Hausschuhe
las pantuflas

die Turnschuhe
las zapatillas

die Sandalen
....
las sandalias

die Schuhe
....
los zapatos

die Gummistiefel
....
las botas de goma

die Unterhose
....
la ropa interior

der Büstenhalter
....
el corpiño

das Unterhemd
....
el chaleco

der Body

el body

die Hose

los pantalones

die Jeans

los jeans

der Rock

la pollera

die Bluse

la blusa

das Hemd

la camisa

der Pullover

el pulóver

der Kapuzenpullover

el buzo

der Blazer

el blazer

die Jacke

la campera

der Mantel

el tapado

der Regenmantel

el piloto

das Kostüm

el traje

das Kleid

el vestido

das Hochzeitskleid

el vestido de novia

der Anzug

el traje

das Nachthemd

el camisón

der Pyjama

el pijama

der Sari

el sari

das Kopftuch

el pañuelo para la cabeza

der Turban

el turbante

die Burka

la burka

der Kaftan

el caftán

die Abaya

la abaya

der Badeanzug

el traje de baño

die Badehose

el short de baño

die kurze Hose

los shorts

der Jogginganzug

el jogging

die Schürze

el delantal

die Handschuhe

los guantes

der Knopf

el botón

die Brille

los anteojos

das Armband

la pulsera

die Halskette

el collar

der Ring

el anillo

der Ohrring

el aro

die Mütze

la gorra

der Kleiderbügel

la percha

der Hut

el sombrero

die Krawatte

la corbata

der Reißverschluss

el cierre

der Helm

el casco

der Hosenträger

los tiradores

die Schuluniform

el uniforme escolar

die Uniform

el uniforme

das Lätzchen

el babero

der Schnuller

el chupete

die Windel

el pañal

der Server
el servidor

der Aktenschrank
el archivero

der Drucker
la impresora

das Papier
el papel

der Monitor
el monitor

der Schreibtisch
el escritorio

die Maus
el mouse

der Ordner
la carpeta

die Tastatur
el teclado

der Papierkorb
el tacho (de basura)

der Sessel
la silla

der Computer
la computadora

der Kaffeebecher

la taza de café

der Taschenrechner

la calculadora

das Internet

el internet

der Laptop

la laptop

der Brief

la carta

die Nachricht

el mensaje

das Handy

el celular

das Netzwerk

la red

der Kopierer

la fotocopiadora

die Software

el software

das Telefon

el teléfono

die Steckdose

el tomacorriente

das Fax

el fax

das Formular

el formulario

das Dokument

el documento

kaufen

comprar

bezahlen

pagar

handeln

hacer negocios

das Geld

el dinero

der Dollar

el dólar

der Euro

el euro

der Yen

el yen

der Rubel

el rublo

der Franken

el franco suizo

der Renminbi Yuan

el yuan

die Rupie

la rupia

der Bankomat

el cajero automático

die Wechselstube

la casa de cambio

das Gold

el oro

das Silber

la plata

das Öl

el petróleo

die Energie

la energía

der Preis

el precio

der Vertrag

el contrato

die Steuer

el impuesto

die Aktie

la acción

arbeiten

trabajar

der Angestellte

el empleado

der Arbeitgeber

el empleador

die Fabrik

la fábrica

das Geschäft

el negocio

der Polizist
el policía

der Feuerwehrmann
el bombero

der Koch
el cocinero

die Ärztin
el médico

der Pilot
el piloto

der Gärtner

el jardinero

der Tischler

el carpintero

die Schneiderin

la modista

der Richter

el juez

die Chemikerin

el farmacéutico

der Schauspieler

el actor

der Busfahrer

el colectivero

der Taxifahrer

el taxista

der Fischer

el pescador

die Putzfrau

la mucama

der Dachdecker

el techista

der Kellner

el mozo

der Jäger

el cazador

der Maler

el pintor

der Bäcker

el panadero

der Elektriker

el electricista

der Bauarbeiter

el albañil

der Ingenieur

el ingeniero

der Schlachter

el carnicero

der Installateur

el plomero

die Briefträgerin

el cartero

der Soldat

el soldado

der Architekt

el arquitecto

die Kassiererin

el cajero

die Blumenhändlerin

el florista

der Friseur

el peluquero

der Schaffner

el cobrador

der Mechaniker

el mecánico

der Kapitän

el capitán

die Zahnärztin

el dentista

der Wissenschaftler

el científico

der Rabbi

el rabino

der Imam

el imán

der Mönch

el monje

der Pfarrer

el sacerdote

die Werkzeuge
las herramientas

der Hammer
el martillo

die Zange
la tenaza

der Schraubenzieher
el destornillador

der Schraubenschlüssel
la llave

die Taschenlampe
la linterna

der Bagger

la excavadora

der Werkzeugkasten

la caja de herramientas

die Leiter

la escalera portátil

die Säge

la sierra

die Nägel

los clavos

der Bohrer

el taladro

reparieren
arreglar

die Schaufel
la pala de jardín

Scheiße!
¡Qué bronca!

die Kehrschaufel
la pala de plástico

der Farbtopf
el tacho de pintura

die Schrauben
los tornillos

die Musikinstrumente
los instrumentos musicales

das Schlagzeug
la batería

der Lautsprecher
el parlante

die Gitarre
la guitarra

der Kontrabass
el contrabajo

die Trompete
la trompeta

das Klavier

el piano

die Violine

el violín

der Bass

el bajo

die Pauke

los timbales

die Trommeln

el tambor

die Tastatur

el teclado

das Saxophon

el saxofón

die Flöte

la flauta

das Mikrofon

el micrófono

der Eingang
la entrada

der Tiger
el tigre

der Käfig
la jaula

das Zebra
la cebra

das Tierfutter
el alimento para animales

der Panda
el oso panda

die Tiere

los animales

der Elefant

el elefante

das Känguru

el canguro

das Nashorn

el rinoceronte

der Gorilla

el gorila

der Bär

el oso

das Kamel

el camello

der Strauß

el avestruz

der Löwe

el león

der Affe

el mono

der Flamingo

el flamenco

der Papagei

el loro

der Eisbär

el oso polar

der Pinguin

el pingüino

der Hai

el tiburón

der Pfau

el pavo real

die Schlange

la serpiente

das Krokodil

el cocodrilo

der Zoowärter

el cuidador del zoológico

die Robbe

la foca

der Jaguar

el jaguar

das Pony

el poni

der Leopard

el leopardo

das Nilpferd

el hipopótamo

die Giraffe

la jirafa

der Adler

el águila

das Wildschwein

el jabalí

der Fisch

el pescado

die Schildkröte

la tortuga

das Walross

la morsa

der Fuchs

el zorro

die Gazelle

la gacela

der Sport
los deportes

das American Football
el fútbol americano

das Radfahren
el ciclismo

das Tennis
el tenis

der Basketball
el básquet

das Schwimmen
la natación

das Eishockey
el hockey sobre hielo

das Boxen
el boxeo

der Fußball

el fútbol

das Badminton

el bádminton

die Leichtathletik

el atletismo

der Handball

el handball

das Skifahren

el esquí

das Polo

el polo

springen
saltar

lachen
reír

umarmen
abrazar

gehen
caminar

singen
cantar

träumen
soñar

beten
rezar

küssen
besar

schreiben
escribir

zeichnen
dibujar

zeigen
mostrar

drücken
presionar

geben
dar

nehmen
tomar

haben
tener

machen
hacer

sein
ser

stehen
estar parado

laufen
correr

ziehen
tirar

werfen
tirar

fallen
caer

liegen
estar acostado

warten
esperar

tragen
llevar

sitzen
estar sentado

anziehen
vestirse

schlafen
dormir

aufwachen
despertar

ansehen

mirar

weinen

llorar

streicheln

acariciar

frisieren

peinar

reden

hablar

verstehen

entender

fragen

preguntar

hören

escuchar

trinken

beber

essen

comer

zusammenräumen

ordenar

lieben

amar

kochen

cocinar

fahren

manejar

fliegen

volar

segeln

navegar

rechnen

calcular

lesen

leer

lernen

aprender

arbeiten

trabajar

heiraten

casarse

nähen

coser

Zähne putzen

cepillarse los dientes

töten

matar

rauchen

fumar

senden

enviar

die Großmutter
la abuela

der Großvater
el abuelo

der Vater
el padre

die Mutter
la madre

das Baby
el bebé

die Tochter
la hija

der Sohn
el hijo

der Gast

el invitado

die Tante

la tía

der Onkel

el tío

der Bruder

el hermano

die Schwester

la hermana

die Stirn
la frente

das Auge
el ojo

die Schulter
el hombro

der Finger
el dedo

das Gesicht
la cara

das Kinn
la pera

die Hand
la mano

die Brust
el pecho

das Bein
la pierna

der Arm
el brazo

das Baby
el bebé

der Mann
el hombre

die Frau
la mujer

das Mädchen
la nena

der Junge
el nene

der Kopf
la cabeza

der Rücken

la espalda

der Bauch

la panza

der Nabel

el ombligo

der Zeh

el dedo del pie

die Ferse

el talón

der Knochen

el hueso

die Hüfte

la cadera

das Knie

la rodilla

der Ellbogen

el codo

die Nase

la nariz

das Gesäß

la cola

die Haut

la piel

die Wange

el cachete

das Ohr

la oreja

die Lippe

el labio

der Mund

la boca

der Zahn

el diente

die Zunge

la lengua

das Gehirn

el cerebro

das Herz

el corazón

der Muskel

el músculo

die Lunge

el pulmón

die Leber

el hígado

der Magen

el estómago

die Nieren

los riñones

der Geschlechtsverkehr

el sexo

das Kondom

el preservativo

die Eizelle

el óvulo

das Sperma

el semen

die Schwangerschaft

el embarazo

die Menstruation

la menstruación

die Vagina

la vagina

der Penis

el pene

die Augenbraue

la ceja

das Haar

el pelo

der Hals

el cuello

das Spital
el hospital

die Rettung
la ambulancia

der Rollstuhl
la silla de ruedas

der Bruch
la fractura

die Ärztin

el médico

die Notaufnahme

la sala de guardia

die Krankenschwester

la enfermera

der Notfall

la emergencia

ohnmächtig

inconsciente

der Schmerz

el dolor

die Verletzung

la lesión

die Blutung

la hemorragia

der Herzinfarkt

el infarto

der Schlaganfall

el ACV

die Allergie

la alergia

der Husten

la tos

das Fieber

la fiebre

die Grippe

la gripe

der Durchfall

la diarrea

die Kopfschmerzen

el dolor de cabeza

der Krebs

el cáncer

die Diabetes

la diabetes

der Chirurg

el cirujano

das Skalpell

el bisturí

die Operation

la operación

das CT

la TC

das Röntgen

los rayos x

der Ultraschall

la ecografía

die Maske

el barbijo

die Krankheit

la enfermedad

das Wartezimmer

la sala de espera

die Krücke

la muleta

das Pflaster

la curita

der Verband

la venda

die Injektion

la inyección

das Stethoskop

el estetoscopio

die Trage

la camilla

das Thermometer

el termómetro

die Geburt

el nacimiento

das Übergewicht

el sobrepeso

das Hörgerät

el audífono

das Desinfektionsmittel

el desinfectante

die Infektion

la infección

das Virus

el virus

das HIV / AIDS

el VIH / SIDA

die Medizin

el remedio

die Impfung

la vacunación

die Tabletten

los comprimidos

die Pille

la pastilla anticonceptiva

der Notruf

la llamada de emergencia

der Blutdruckmesser

el tensiómetro

krank / gesund

enfermo / sano

Hilfe!

¡Ayuda!

der Alarm

la alarma

der Überfall

la agresión

der Angriff

el ataque

die Gefahr

el peligro

der Notausgang

la salida de emergencia

Feuer!

¡Fuego!

der Feuerlöscher

el matafuego

der Unfall

el accidente

der Erste-Hilfe-Koffer

el botiquín de primeros auxilios

SOS

el SOS

die Polizei

la policía

das Europa

Europa

das Nordamerika

América del Norte

das Südamerika

América del Sur

das Afrika

África

das Asien

Asia

das Australien

Australia

der Atlantik

el Atlántico

der Pazifik

el Pacífico

der Indische Ozean

el Océano Índico

der Antarktische Ozean

el Océano Antártico

der Arktische Ozean

el Océano Ártico

der Nordpol

el polo norte

der Südpol

el polo sur

die Antarktis

la Antártida

die Erde

la Tierra

das Land

la tierra

das Meer

el mar

die Insel

la isla

die Nation

la nación

der Staat

el estado

das Ziffernblatt

la esfera

der Stundenzeiger

la manecilla de las horas

der Minutenzeiger

el minutero

der Sekundenzeiger

el segundero

Wie spät ist es?

¿Qué hora es?

der Tag

el día

die Zeit

la hora

jetzt

ahora

die Digitaluhr

el reloj digital

die Minute

el minuto

die Stunde

la hora

die Woche
la semana

der Montag
lunes

der Mittwoch
miércoles

der Freitag
viernes

der Samstag
sábado

der Dienstag
martes

der Donnerstag
jueves

der Sonntag
domingo

gestern

ayer

heute

hoy

morgen

mañana

der Morgen

la mañana

der Mittag

el mediodía

der Abend

la tarde

die Arbeitstage

los días hábiles

das Wochenende

el fin de semana

der Regenbogen
el arco iris

der Regen
la lluvia

der Schnee
la nieve

der Wind
el viento

der Frühling
la primavera

der Herbst
el otoño

der Sommer
el verano

der Winter
el invierno

die Wettervorhersage
el pronóstico meteorológico

das Thermometer
el termómetro

der Sonnenschein
la luz del sol

die Wolke
la nube

der Nebel
la niebla

die Luftfeuchtigkeit
la humedad

der Blitz

el rayo

der Donner

el trueno

der Sturm

la tormenta

der Hagel

el granizo

der Monsun

el monzón

die Flut

la inundación

das Eis

el hielo

der Jänner

enero

der Februar

febrero

der März

marzo

der April

abril

der Mai

mayo

der Juni

junio

der Juli

julio

der August

agosto

der September
....
septiembre

der Oktober
....
octubre

der November
....
noviembre

der Dezember
....
diciembre

die Formen
las formas

der Kreis
....
el círculo

das Quadrat
....
el cuadrado

das Rechteck
....
el rectángulo

das Dreieck
....
el triángulo

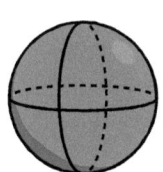

die Kugel
....
la esfera

der Würfel
....
el cubo

weiß

blanco

gelb

amarillo

orange

naranja

pink

rosa

rot

rojo

lila

violeta

blau

azul

grün

verde

braun

marrón

grau

gris

schwarz

negro

viel / wenig

mucho / poco

wütend / friedlich

enojado / tranquilo

hübsch / hässlich

lindo / feo

der Anfang / das Ende

el principio / el fin

groß / klein

grande / chico

hell / dunkel

claro / oscuro

der Bruder / die Schwester

el hermano / la hermana

sauber / schmutzig

limpio / sucio

vollständig / unvollständig

completo / incompleto

der Tag / die Nacht

el día / la noche

tot / lebendig

muerto / vivo

breit / schmal

ancho / angosto

genießbar / ungenießbar

comestible / no comestible

böse / freundlich

malo / amable

aufgeregt / gelangweilt

entusiasmado / aburrido

dick / dünn

gordo / flaco

zuerst / zuletzt

primero / último

der Freund / der Feind

el amigo / el enemigo

voll / leer

lleno / vacío

hart / weich

duro / blando

schwer / leicht

pesado / liviano

der Hunger / der Durst

el hambre / la sed

krank / gesund

enfermo / sano

illegal / legal

ilegal / legal

gescheit / dumm

inteligente / estúpido

links / rechts

izquierda / derecha

nah / fern

cerca / lejos

neu / gebraucht

nuevo / usado

nichts / etwas

nada / algo

alt / jung

viejo / joven

an / aus

encendido / apagado

offen / geschlossen

abierto / cerrado

leise / laut

silencioso / ruidoso

reich / arm

rico / pobre

richtig / falsch

correcto / incorrecto

rau / glatt

áspero / suave

traurig / glücklich

triste / contento

kurz / lang

corto / largo

langsam / schnell

lento / rápido

nass / trocken

mojado / seco

warm / kühl

caliente / frío

der Krieg / der Frieden

guerra / paz

0

null

cero

1

eins

uno

2

zwei

dos

3

drei

tres

4

vier

cuatro

5

fünf

cinco

6

sechs

seis

7

sieben

siete

8

acht

ocho

9

neun

nueve

10

zehn

diez

11

elf

once

12

zwölf

doce

13

dreizehn

trece

14

vierzehn

catorce

15

fünfzehn

quince

16

sechzehn

dieciséis

17

siebzehn

diecisiete

18

achtzehn

dieciocho

19

neunzehn

diecinueve

20

zwanzig

veinte

100

hundert

cien

1.000

tausend

mil

1.000.000

Million

el millón

die Sprachen
los idiomas

Englisch

el inglés

Amerikanisches Englisch

el inglés americano

Chinesisch (Mandarin)

el chino mandarín

Hindi

el hindi

Spanisch

el español

Französisch

el francés

Arabisch

el árabe

Russisch

el ruso

Portugiesisch

el portugués

Bengalisch

el bengalí

Deutsch

el alemán

Japanisch

el japonés

ich
yo

du
vos

er / sie / es
él / ella

wir
nosotros

ihr
ustedes

sie
ellos

Wer?
¿quién?

Was?
¿qué?

Wie?
¿cómo?

Wo?
¿dónde?

Wann?
¿cuándo?

Name
el nombre

hinter

detrás

in

en

vor

adelante de

über

por encima de

auf

sobre

unter

debajo de

neben

al lado de

zwischen

entre

der Ort

el lugar